Märepallo

Kymin Osakeyhtiön 100-vuotissäätiö on tukenut
tämän runokirjan julkaisua.

Kirsi Komulainen

Märepallo

Kannen kuva Tuula Meriläinen

ISBN: 978-952-330-024-8

Kustantaja: BoD™ – Books on Demand, Helsinki, Suomi
Valmistaja: Books on Demand GmbH, Norderstedt,
Saksa

I

SAANKO LUVAN

kyllähän lehmät kysyvät
tanssitaitoasi
opettavat jos et osaa

potku eteen
potku taakse
sitten kiertäen sivulle

hännän huiskaus
tahdissa vasen oikea
lypsäjän silmiin
ruhon ravistus

ja taas potku eteen potku taakse
jalan vaihto
lypsimet seinään

kyllä se siitä kun oppii
rumbaa turvasaappaissa
tykytinten tahtiin

INTIAN PYHÄ

Katsot minuun
lempeä Intian pyhä
luterilainen ylituotantoyksikkö
kielenkäyttösi karkeaa:

Samassa parressa ollaan
sinun riimusi kultaa
velkaa, velvollisuutta
mutta eipä tätä häntää
jolla loiskauttaa kuset
lypsäjän silmille.

Tuumaan joo
kun olis edes pihatto.

Puret märepalloa
rupsautat silmää,
mikähän olisi minusta
vientikustannusmaksu Intiaan.

KESÄLOMA

Me loimme heinää
kuusi päivää ja kuusi yötä
ja seitsemäntenä me lepäsimme
sillä silloin satoi vettä
meidän kuiville heinille.

Voi Luoja,
kiitos lepopäivästä
että kastelit perunapellon
ja naapurin heinät

ja vaikka oli lauantai
viinakauppa oli vielä auki.

RASKASTA JOSKUS

raskasta joskus ottaa rennosti
kun lapset vaativat aikaa
mies ruokaa
lehmä lypsäjää
kärpäset tappajaa
heinäpelto, rikkonainen aita
siivous, tiski, kasvimaa
edes jonkinlaista söhäisyä

                         sinnepäin

ja taas pitäisi kesken kaiken

maksaa laskuja, käydä kaupassa
pyyhkiä lapsen pylly
etsiä isolle pojalle isommat kengät

mutta miten minun kävisi
jos en välillä retkahtaisi ruohikkoon
leikkisi kissanpojan kanssa

kuuntelisi keinussa
kuinka koivun kielillä
soittaa tuuli kitaraa
ja räkättien rokkikuoro harjoittelee
illan konserttia

jos en jättäisi jotain tekemättä
ja lähtisi uimaan

jos huomaisin kesänkin olleen
vasta talvella
veroilmoitusta laatiessa
tulo- ja menotositteista

NAISTENPÄIVÄ

minun olisi pitänyt istua kudin kädessä
juosta edestakaisin vaikka ilman syytä
että olisin ollut

kantaa jauhosäkkiä kuin mies
pukeutua kuin nunna
paitsi että nunnilla on hameet
ja hame on huoran merkki
sanoi mies

mutta farkut ja t-paita kelpaavat
miksi et pukeudu niin kuin muutkin, verkkareihin

tai tuulitakkiin ja miksi et ole
minun äitini, siskoni
ne jotka uikuttavat humalassa naisen osaansa
miksi et anna, sinun pitää, olet vaimoni

anoppi sanoo että vaimon pitää antaa
periksi että olisi rauha
juosta että olisi rauha
olla hiljaa että olisi rauha

ja minä käyn anopille kauppa-autosta kopan kaljaa
että hänellä olisi rauha

hän sanoo kirjoittavansa eropaperit alle
magnumilla tai rekan alla
hän sanoo polkaisevansa lapset samaan
kuoppaan
kun nälkään ne kuitenkin kuolevat
vaikka jääkaappi ja pakastin ovat täynnä

hän sanoo että siellä helevetin taivaassa
kai siellä edes pillua saa
kun täällä vaan aina vittuillaan
akka ei anna
eikä pankinjohtaja lainaa
ei kun kuula kalloon

koko esitys vain
että antaisin panna pari kertaa
vaikka takaa päin

koivun runkojen takaa
naapuri vilkuttaa
valkoisilla lakanoillaan

koivut vetäneet vihreänsä pois
ja ensilumi miehittänyt maan
märkähousuisia desantteja laskeutuu
nuolemaan ikkunaa

pitäisi lähteä taas
jättää jälkensä
tehdä uusia
olla tehokas ja yhtä positiivinen
kuin kirkkaanpunainen lietelantavaunu
navetan nurkalla

NAVETTAKISSAT

auringon lattialle
levittämällä lakanalla
kaksi navettakissaa

nuolevat tassujaan
pyyhkivät silmät, viikset
pesevät turkin, hännän alusen

vielä tarkkovat lehmänpaskan
varpaiden välistä

sitten nuolevat
toistensa niskan
ja naaman

TENHO

Tenho ei tule enää
povitaskussaan koskista
muovikassissa kaljaa
tarjoa navetalla ryyppyä
laita harjaan vartta
avaa makuuhuoneen ovea koputtamatta
huikkaa, olen jo keittänyt aamukahvit

kysy mikä on unelmasi, maksan siitä markan

juovuksissa, katkerana
otti turpiinsa muttei antanut
minun vika, sanoi, aina minun vika
silloinkin kun juoksi siskon saksiin

silmäpuoli, kärpänraato

jätettiin ovet auki
että pääsee jonnekin nukkumaan

aamulla kuorsasi koiran kanssa lattialla
yöllä oli tyhjentänyt automme akun
kuunnellut kasettisoittimesta
Jaakko Teppoa ja Kikkaa
tuntikausia höplitti lasten kanssa

ja koiran
ja pässin
lupasi opetella lypsämään

aikuiset katsoi
eikö se jo lähde

se lähti
kesken perunankeiton
isä, ammu vaan

hautajaisissa veisasivat
voi sinä saatana kurja

RIKKARUOHO

äitini oli puutarhuri
mutta kukkani kuolevat ikkunalle
vain multa kynnen alla perinnöllistä

yhtään kukkaa en nimeltä muista
paitsi orvokin ja samettiruusun
kaalintainta en lantusta erota

mutta rikkaruohot
ne muistan kaikki

nimipäivänäni
lehmä onnittelee

varpaittensa välissä
tuo laitumelta
        apilankukan

TOPI

Topi käy lehmänlääkkeet apteekista
kiipeää Valmetin koppiin
ja ajaa Matkahuollon eteen
baarissa ostaa kahvin ja munkin
istuu ikkunan viereen
käärii sätkän
katselee linja-autoja

kuivakkaita isäntiä ruskeine salkkuineen
ostoskasseja kaksinkäsin kantavia pulleita emäntiä
eläkeläisiä tulossa sairaalasta tai menossa
kylän vakiojuoppoja palaamassa
Keskusbaarista päivän viimeiseen linjaan

koululaisten pitkää tukkaa
tyttöjen meikattuja kasvoja, julkeita katseita
arkoja anteeksiettäolen ja omiakin siellä seassa
eivät ole isäänsä huomaavinaan
joku notkoselkä laittaa jukeboksista soimaan
olen hautausmaa

ne tulevat ja menevät ja ovat aikuista
pois ja takaisin velloo ja joku lähtee kokonaan
huomiseen on niin pitkä matka

ikkunan takana kaksi finninaamaa nuolee toisiaan
akat sipisevät, ukot tirskuvat, niitäkin ahdistaa

Topi nousee
käy kaupasta kiltatopan ja filttereitä
ja vaimolle klubiaskin navetalle
pennuille ostaa pussin tarjousomenia

kiirehtii traktorille
pitää ehtiä ennen linja-autoa tienvarteen
ottaa koululaiset kyytiin

ÄITI

Äiti on puu, jonka runkoon voin nojata
vieläkin kun maailma huojuu.

Äidin kädet ovat kuin puun kuoret
sileää tuohta nuorena
kaarnaksi työn kovettamat
silitys silti koivun lehden kosketusta.

Juuria ovat äidit
ikihonkien jykeviä
vaivaiskoivujen sitkeitä, pitkiä juuria
imevät lapsilleen voimaa karustakin maasta.

Vanhat äidit ovat kyhmyisiä
puun juurakoita.
Pitävät maan kasassa myrskynkin aikaan

valittamatta
huojuttavat runkoaan tuulessa
eivät kaadu vaan suojelevat
jokaisen lintunsa pesää oksillaan.
Siitä on hyvä lehahtaa
poikasen oman tuulensa mukaan.

Metsän huminassa
hyräilee äiti minulle vieläkin
tuhatvuotiset tuutulaulut
niihin on turvallista nukahtaa,
äidin syliin.

Kierrän kädet äidin rungon ympäri
ja kiitän
jokaisen vuosirenkaan verran.

LIPPUTANKO

mustan pellon päällä harmaa repale peitto
yhdessä reiässä seisoo kuovi kuin tästä en lähde
taivaanvuohi määkyy ympärillä, että inhoan sitä!

talon seinissä jotakin ikuisesti kallellaan
maalikin lähti asukkaiden mukana
tästä pihasta ei saa värikuvaa edes kesällä

omistaja myynyt tästä huvilaa
luonnonrauhaa ja paskanhajua
kova kysyntä etelässä, kuulemma
ei ole näkynyt kesälomalaisia
paitsi talon entiset pojat
kohdistavat aseitaan nuppiini

toissatalvena putosi navetan katto
mikäs sitä olisi ylhäällä pitänyt
väliseinät kun polttivat hellassa
eivät minuun koskeneet
lipputanko saa lahota rauhassa

taidan ruveta nukkumaan
ei tänä äitienpäivänä liputeta
ei ole liputettu vuosiin
että mitäpä tässä kuuhotan

LINTUJA

lintuja niin ettei ajatustaan erota
sateen jälkeen räksyttävät eikö kuulu
kesää tekevät vaikka väkisin

maa tunkee ruoholla korvat täyteen
siinä vielä maanviljelijät traktoreillaan
kattavat lokeille ruokapöytää

kevääntakkuinen taivaanvuohi mäkättää
pienet piipunkopat piipertävät piiloon
västäräkinpyrstö heiluu kuin ministerin mieli

kesantopellon laitaan pistän kyltin:
pesätontteja vuokrataan aamuherätystä vastaan
kohtuullinen rauha taataan vuodeksi eteenpäin

traktorin koppiin ei käen kukunta kuulu
puhelinlangalla käki ihmettelee
mikä lintu ja stereoääni
jumalauta mikä kotka

tuon pesään kun munan pyöräyttäisi

KISSAN FILOSOFIAA

Kuu roikkuu pilvessä kuin pullea utare
sen maidossa kissanpojat uivat

Makaan rentona säkkipinon päällä
lehmät märehtivät ja mäiskivät
lantakasoja käytäville
niitä on varottava ja kusta pimeässä

Kehrään

jos ihmiset kehräisivät eivät löisi
loikoilisivat, leikkisivät
söisivät hiiriä ja lintuja
latkisivat maitonsa tunteilematta

Eivät kehrää

kantavat vihaa silloinkin kun rakastavat
säilövät
ja purkavat kuin lehmä sontii yskiessään

läjähtää keskelle lattiaa
plöts, siinä on ja haisee
ja jo märehtivät uutta

Niin, eivät kehrää

jos vain kehräisivät
ei meillä kissoilla olisi mitään virkaa

eikä maitoa.

BALLERINA

taitavasti
kuin ballerina
lehmä kohottaa
sontaista takajalkaansa

sorkan kärki tavoittaa
silmänurkan

varovasti raapaisee
kirvelevän roskan pois

II

Menen metsään
se tuoksuu vastaan
unohdan pahan mielen
kielen pesen lintujen.

Kengän pohjassa sammalta
kulkemalla se sinne on tullut
kivelläni istun
mustan jokeni rannalla.

Aurinko on avoin,
jos tulisit nyt
en kysyisi
rakastaisin vain.

onneen on askel vielä
että hiljaisuus ei ole tyhjyyttä
vaan mielen avaruutta

kuin syyskuinen iltapäivä
kuulas taivas ja vesi
johon keltaiset lehdet liimautuvat
helisevät haavat
talvea odottava metsä

yksin sen keskellä
ja hengittää

olen metsässä hiljaa
latvat hengittävät
keveästi
välillä raskaasti huokaisten
jossain helähtää haavan nauru

sitten kun lehdet eivät enää kiipeä puihin
ja viimeiset neulaset tipahtavat
loppuuko metsän humina

luikkiiko tuuli runkojen välistä
ääntä päästämättä
kuin harakat lentelevät oksien lomassa
leikkisät täsmäohjukset

KOSKENSOITTOTERAPIAA

istun kivellä rungon paljas
heijastus mustaan veteen
joen pohjalla heinähius
tukkaansa huuhtoo

virtaava vesi ei kysele
mitä matkan varrella tapahtui
suvannosta kosken kautta suvantoon
on veden välillä kuljettava
kunpa hyväksyisin sen

tipahtaa lehti, tipahtaa toinen
ennen talvea on kosken
juoksunsa juostava

kosken kasvojani
tähän haluaisin jäädä
kivi veden nuoltavaksi

koski koskea koskettaa

pimeällä kävin ulkona
hiljaisuus oli iso

vain koirien räksytys kylällä
ja kylän toisella puolella
missä valoja ei enää ole
huuteli helmipöllö

kuin jänis olisi juossut
pimeän kaidasta laitaan

Illalla juoksivat ketut yli taivaan
hännät hulmuten
riettaat revot

Lumihangessa selällään
taivaan katto ei ole raja
pimeys ei pelota
hiljaisuus on musiikkia
yksinäisyys ylellisyyttä

Aamulla lapsi sanoo:
Katso,
hangella on tanssinut iso enkeli.

metsästän
jäniksen jäljen
repullisen
männyn neulasten tuoksua
saalistan ajatuksen
joka viimeksi karkasi

KESÄPERHONEN

Suvella jostain kolostaan
nousi perhonen vessan ikkunaan.

Se hakkasi lasia siivillään
pitää lumelle päästä lentämään.

Mutta ymmärtänyt en mä merkkejä sen
kun oli se vain kesäperhonen.

Perhonen istahti tohkeissaan kädelleni
ja pyysi: toteuta toiveeni!

Minä viskasin kylmälle lumelle sen
ja käskin nyt olla onnellinen.

Mitä perhonen teki, kiittikö? Ei,
eipä kerennyt, kissa sen leikkiin vei.

Leikin päätteeksi kiitti ja nuolaisi huulta
vain perhosen siivet hengitti tuulta.

joka vuosi pajunkissojen aikaan
kuljen ketun jälkiä
häntä hankea viistäen jarruna

mutta aurinko on jo minussa
ruumiissani, hiuksissani
pajunkissojen vasta-auenneissa silmissä

pieninä runoina

Vedet virtaavat
mustat paksut joet
monista itkuista turvonneet.

Vaahdon ympäröimä kaislalautta pyörii
majavia styroksia keltainen muovipussi
kalojen aurinko.

Kuusien tykkylumet valuvat
pelloilla makaavien kinosten alta
paljastavat tamponipellon
likakaivon, kaatopaikan.

Jään
mieletön hikinen virta
            on matkamme eteenpäin

Metsä palaa vihreäksi
lehti kiipeää puuhun

naapuri kampaa pihansa tukkaa
laittaa kukan hiuksiin

sateen jälkeen
ruoho kasvaa lintuja

puut hiirenkorvia
kiinni linnun jalkaan
jokaisen tuulen liepeeseen

Miksi kirjoitan
ei minulla ole sanottavaa
jokainen menköön
elämänsä etu- tai takaperin
ovista tai ei
maailmalla tapellaan
ja Kuohatin työväentalon tansseissa
on se hyvä että ihmisillä on vielä tarmoa ja rohkeutta
ettei energiaansa tarvitse tällaisiin
joutavanpäiväisiin harrastuksiin kuluttaa
niin kuin kirjoittaminen
tai metsässä maleksiminen
kuusen latvan toljottaminen
sen olemuksen arvioiminen
niin kuin silläkin olisi joku sielu tai tarkoitus
kunhan on ja huojuu
antaa linnun paskannella oksalla
kaatuu kun kaadetaan
palaa kun poltetaan
kasvaa selkä suorana
että omistaja saa hyvän hinnan
teollisuus hyvää raaka-ainetta
paperiksi
kirjoittamista varten

III

Toukokuun yössä
kurnuttaa sammakko
sielua soittaa
teeret kukertavat napit vastakkain
vielä ei puissa lehti helise.

Sumu hiipii puronotkoon
kuovi huutaa yli kulotetun mustan pellon.

Tuoksuu multa ja mahla
maistan valkoista viintä
puolikuivaa toukokuun yötä.

Tule jo rakkaani peltojen poikki
sinut suutelen sulhokseni jälleen.

nämä auringon kiduttamat päivät
ovat kohta ohi

ja niin kuin aina sataa
lopulta renkaita
sammakonpoikasten maailman kattoon

sadat sinä ympyröitä
lupauksia minun hävetä
näitä päiviä jolloin uskon
pyöreitä hymyjäsi, silmiesi nuijapäitä

tästä rapakosta nousen
ja kurkotan käteni maailman kattoon

on niin paljon paikkoja
joissa tahtoisin muistaa kanssasi

naavaisen kuusen oksan alla
lahon ladon seinähirren kolossa
kannolla katajien keskellä

ja haluaisin näyttää sinulle
majavan pureman puun
sotkan lennon ujelluksen

sinut käsieni väliin haluaisin
puristaa kuin vettä tihkuvan sammaltupon

en tiennyt että ikävä tuntuu
käsivarsissa haluna
pakottaa

yrität tehdä minusta suoraa
suoristat selkää
vedät hartioita
ryhtiä, ryhtiä

mutta kuinka minä
toinen jalka aina pidempään ilmassa
kävellyt
ikänsä vinoon kasvanut
voisin suoristaa pääni
ja kaataa nurin
kaikki näkemykseni

sillä vinossa on minulla totuus
ja vino veri taas

PIENI RUKOUS

Herra,
jos vielä rakkautta pyydän
älä anna
ainakaan sitä tavallista

naistenlehtien nallekarhuja
karjuja pornolehtien sivuilta

tiedä koko miehistä
jos joskus jonkun ihmisen viskaisit
tuokioksi

vaikka kulkukauppiaan
jonka sormet voi jättää oven väliin

teen ongelmia kun en muuten jaksa
tätä kepeyttä
syvällä on musta joki
lapsi ui, aika ui

olisi helppoa jos olisi
minä tässä, sinä siinä
muita ympärillä
aamu ja ilta
välissä päivä, jonka voisi kuluttaa kuin rahat
yöksi silta joen poikki kun nukkuu
nukkuu niin ettei jaksa kylkeä kääntää
helppoa

sitä paitsi olen hyvä luonne
lempeä kuin lehmänperse
helppo

mutta syvällä on musta joki
lapsi ui, aika ui
ei kulje siltoja pitkin
nouse rannalle ja juokse pois
vaan vastavirtaan, vasta-aikaan
joka yö jokea ui

oli viikonloppu
niin kuin joskus kirkas tähti
vain yksi
pilven raosta, hetken

oli aamupäivä
kun lumi putosi männynoksilta harsona
ja iltapäivä kun aurinko kultasi sen
ja rungot olivat punertavia

oli hetki ja tähti ja aurinko
ja lumiharso kaiken läpi
että ajattelin morsiushuntua
ja lasta ja onnellista aikaa

hyvin pieni lyhyt hetki

ja oli mies ja iho
hätääntynyt katse kuin eläimen
kun tajusi että tästä ei enää pääse pois
että olikin yhtä sen harson ajan
joka varisi oksalta

ja kohta oli koti ohi

lähtiessämme emme tienneet
riippusiltaa on kuljettava
edestakaisin

ja että aina sataa
uudestaan
senkin viimeisen pisaran

pilvessä auringon mentävä reikä
niin minä ajattelen sinua

Joskus otsasi on kuulas
katseesi avoin ja kaunis
huulesi hellät että pelkään
ja sanasi kouraisevat syvältä.

Joskus kosketuksesi viipyy iholla
vaikka kätesi ei
vaikka tahtoisin pois
en voi.

Joskus uskon kun sanot että rakastat
joskus uskon itsekin rakastavani
mutta silloin pelkään
että tulee taas se joskus
kun en.

kasvot tyynyssä
etkö ymmärrä
yritän vain tehdä
kaiken sinulle helpommaksi

en minä sinua jätä
vaikka lähden
enhän täällä edes ollut

poistun
ja muistat minut kuin vieraan
joka oli yötä
ja oksensi lattialle lähtiessään

velat ja vesisänky
mitä muuta meillä enää on?
maailma on täynnä ihmisiä, joille se olisi onni

minulla on oma yksiö
päässäni
ja jotenkin en enää mahdu muualle

UNI

olin saanut tunnelin valmiiksi
pitkät, vahvat kynteni olivat verillä
mutta olin lakannut ne punaisiksi
ettei kukaan huomaisi

sellini oli kodikas
ikkunassa hillityt verhot
ahkeraliisaa, kodinonnea, kaktuksia
ja amppelissa roikkui juoru

lattialle olin kutonut räsymaton
vanhoista vangin vaatteistani
oli siinä raitaa, oli

nostin mattoa
ja pujahdin sen alle tunneliin
ulkona oli kuuma, kuiva kesäpäivä
ja muistin
että kukat olivat jääneet kastelematta
ja että etenkin kodinonni kärsii
valtavasti kuivuudesta

UNI 2

me loikimme aitojen yli
sääremme ovat kauniit, jäntevät
kiiltävät auringossa ruskeina
mekot viimeistä huutoa repaleet
olemme loikkineet koko kesän
tukka on saanut kasvaa
pitkänä huntuna se hulmuaa tuulessa
vastaan tulee nainen
suuri reppu selässään
ei pääse piikkilanka-aidan yli
ei läpi repimättä vaatteitaan, reppuaan
autan ja se hymyilee

tulemme kylään
ihmiset alkavat huutaa
hullut naiset, hullut naiset
ja juoksevat piiloon

emme pysähdy siihen kylään
etsimme vain metsää missä talvehtia

KIVIÄ

kiven kantaminen
on perinnöllistä

purosta ukkosenkiviä
maantieltä murskattuja, kirjavia
metsästä kissankultaa

poikani on oppinut
halkaisemaan suurimmat
katsomaan kiven sisälle

sanoo
pieniä vaikeampi halkaista
helpompi heittää pois

SORKKILINTU

tytöllä on käsivarteen piirretty
ruohikko
     ei pestä, ei kuloteta
     siihen sorkkilintu tekee pesän

LEHMÄNNAHKATAKKI

Selässäni kannan lehmännahkaa
takki maksoi saman verran kuin mitä lehmistä jäi
kun teurastilistä oli vähennetty vasikkaostot
alle tuhat markkaa
en vaadi verotuksessa jaettavaksi
seuraavalle kolmelle vuodelle.

Antakaa anteeksi lehmät
mutta tiesin mitä tein
päätös ei ollut helppo
vaikka niin usein uhkasinkin jättää kaiken
sen kun paskotte seinille
ja kuseksitte lypsysankoon.

En minä silloinkaan teitä vihannut
jos ketään
oli vain niin paha olla
kun en jaksanut niin kuin muut
tomerammat emännät
ei kolmekymppisellä saa selkään koskea
eikä väsyttää.

Etenkään ei saa harrastaa joutavanpäiväisiä
ja tuottamattomia asioita
maito piimii jos lypsyjakkaralla unelmoi.

Ja isännän kanssa oli aina talikot vastakkain
kun yhteistä oli enää vain velat ja vesisänky
eikä maitotili, lihatili, metsärahat, tukiaiset
riittäneet maksuihin, veroihin, korkoihin
ja siinä sitten hartiat ja mieli kipeänä
kuuntelet olevasi kaupunkilaisten elätti.

Niin minä lypsin ja kirosin yli kymmenen vuotta
ja ihmettelin miksi en viihdy
vaikka maalla piti olla niin mukavaa.

Sitten tuli EU ja selkärankareuma
vapahtajani
jatkuva kolotus ja olojen kiristys
pakkorako
pilkotti valoa tulevaisuuden hämärästä ovesta
hävitin lehmät mutta löysin itseni
opiskelemasta niitä joutavanpäiväisiä asioita.

Nyt minusta on maalla mukavaa
kun vielä on emäntiä ja isäntiä
lypsämässä maitoa minunkin jääkaappiini
ja lehmiä märehtimässä murehtimattani.

Olen tyytyväinen
vaikka joudunkin vetämään
lehmännahkatakkini vyötä yhä tiukemmalle.

kaupungin valot
pitkinä viivoina vedessä
vihreät miehet kävelevät risteyksessä
ja seisovat punaiset ukot

syyskuussa
joki on sileä ja musta

hiekka rutisee pyörän alla
lehmusten kesälämmin
muistuttaa kun satoi tahmeaa
yö oli vihreä aamuneljältä
kun Ilosaaressa uitiin laguunissa
ja kaatui viinipullo nurmikolle

Jokelan karvahattupuolen loosissa
kukaan ei soita Alankoa vielä
kukaan ei puhu
silmistä ja hiuksista
eikä kalja maistu seikkailulta.

Vanhat miehet pelaavat korttia
ja puhuvat kuka muistaa mitä.

Portieri Matti kaivaa lehtihyllystä
jonkun unohtamat eväät.

Joinakin päivinä tuulee merkityksellisemmin.
Joinakin päivinä ihmiset puhuvat tärkeämpiä asioita
enteitä.

Ja jonakin päivänä alkaa sataa
suurta vettä
joka ei lopu vaikka kuivuu.

Jonakin päivänä tietää
mikä on oikeaa.

SISÄLLYS

I

II

III

IV